Dichters in de Prinsentuin 2008

Dichters
in de
Prinsentuin
2008

GRONINGEN ♦ 2008 ♦ DICHTERS IN DE PRINSENTUIN

Colofon

Poëziefestival Dichters in de Prinsentuin 2008 is mede mogelijk gemaakt door:

Stichting LIRA Fonds	Wagamama
VSBfonds	Restaurant de Biechtstoel
SNS Reaal Fonds	Louis XV
Stichting Fonds voor Cultuurparticipatie	Eetcafé de Vestibule
Rabobank Stimuleringsfonds	Huis de Beurs
Kunstraad Groningen	Huize Maas
Uitgeverij kleine Uil	Dinercafé Soestdijk
Uitgeverij Passage	Restaurant de Gulzige Kater
Uitgeverij Bornmeer	Restaurant Zomers
Het HeerenHuis	Restaurant Lunchcafé Overstag
Jazzcafé de Spieghel	Eetcafé De Kleine Groote
Café de Wolthoorn	Restaurant Benz
Schouwburgcafé de Souffleur	Restaurant Cave Oporto
Athena's Boekhandel	Hemingway's Cuba
Hotel Friesland	Land van Kokanje

ISBN 978 90 77487 62 4
NUR 306

Uitgeverij kleine Uil, Groningen
www.kleineuil.nl

Omslagontwerp: Roos Custers
Onder redactie van: Roos Custers

Copyright bij de afzonderlijke auteurs of hun rechtsopvolgers.

Niets uit deze uitgave mag worden verveelvoudigd en/of openbaar gemaakt, door middel van druk, fotokopie, microfilm of op welke wijze ook, zonder voorafgaande schriftelijke toestemming van de rechthebbenden.
No part of this book may be reproduced in any form, by print, photoprint, microfilm or any other means, without written permission from the rightful owner.

Als gevolg van het overzetten van de gedichten naar een ander lettertype en een ander paginaformaat kan de opmaak van de gedichten anders ogen dan het origineel. Overigens is de opmaak zoveel mogelijk intact gelaten.

Voorwoord

Rood zíjn rood

Een Gronings dichter annex beeldend kunstenaar vertelde mij dat hij schrijft omdat taal zoveel minder eenduidig is dan beeld. 'Het voordeel van het woord rood boven het absolute rood van een foto is dat het iets anders wordt in het hoofd van elke afzonderlijke lezer', waren zijn exacte woorden. Tijdens de elfde editie van Dichters in de Prinsentuin heeft 'rood' zonder twijfel opnieuw in vele toonaarden geklonken. Bestraffend als in een donderpreek, vurig als in een liefdeslied, wreed als in een krimi. Zetten de dichters het met verve naar hun hand, nu is de beurt aan de lezer er zijn eigen draai aan te geven. Deze kloeke bundel, met ruim tachtig gedichten in soorten en maten, geeft hem daar alle gelegenheid voor.

Bij de inzendingen van 2008 vonden wij opvallend veel lange gedichten met lange regels. Met woorden als 'dwarsdoorsnede' en 'overzicht van de Nederlandstalige poëzie' in onze doelstellingen, vroegen wij ons nieuwsgierig af of hier een nieuwe trend te bespeuren valt. Heeft de dichter anno 2008 meer ruimte nodig om van rood zíjn rood te maken?
Maar nee, het is te vroeg en daarbij hier de plaats niet voor zulke uitspraken. Wij wachten nog een paar edities af. Oordeelt u in de tussentijd vooral zelf.
In de woorden van Peter Holvoet-Hanssen: 'Zet het raam eens open [...] Knal open – nu wij nog bestaan.'

Anneke Claus

je buigt je ter aarde
hebt mij een voorzichtige jurk gemaakt
bedekt, deel ik mij middendoor
en omhul jou

uit het veld dat om ons heen ligt
stijgt een damp op die ons doordrenkt
wij scheuren onze kleren en liggen braak
in jassen van huid

daarbinnen open jij alles wat iets bevat
ik voel heel de aarde over mij komen
en met dat ik bloei, klimt mijn knop al op, splits ik
en ben ik vierkoppig geworden

en jij, zoekt in mij, een plek om te huilen
je weet in mijn binnenkamers te komen
en daar huil je het uit
slagregens
alle grote gedrochten, al wat rondkruipt, wat vliegt
worden als vissen in mijn schoot van levend water
verscheurd, helemaal verscheurd dwaal je rond
en komt aan in de schaduw van mijn gebint
daar open ik alles wat iets bevat

Annelies Alewijnse

Dit gedicht is opgebouwd uit zinnen, halve zinnen, woorden
uit de (door Pieter Oussoren) vertaalde Naardense Bijbel.

Bij de branding

begroef ik mijn ideeën in het zand, holde
putjes uit waarin ik stuk voor stuk mijn
loze hersencellen loosde,

omdat niemand gedoogde mijn gebit of tong,
legde ik ook die te ruste, en mijn oren,
mijn ogen, neus en huid,

zodoende naakte ik mijn doel: me ontkleden
in de zilte zee en wegspoelen, tot, jaren
later, als u langskomt,

mijn eigen zijn plek terugvindt in uw blik,
terwijl u gilt op platte voeten,
met uw handen vol zand.

Yi Fong Au

The saddest tree at Kew

There are words that twist the fingers raw
like *only once*, and yet again *once more*.

King Kong, when asked, is a film about immigration
and if you have ever examined an MRI scan you will
know that the spine does not resemble the great ape's
but has everything to do with long telephone calls.

Paranoids are the only ones to make sense of anything,
connecting everything, and although that may not be
flowers, it will be something, just like a sigh is another
way of holding one's breath.

There are burnt words in a battled silence
and if you have ever listened to goodbyes
you will know that they shout and gape
a mouth that slides down a mountain like snow.

The saddest tree at Kew cannot speak or hang up
and rain on its leaves longs for the spring.
The female species of the tree has apparently
not been preserved and in context *hmmmmm* is

a string of DNA for putting on hold and all things
broken and struggling to mansize and beingthere.

Astrid van Baalen

Afrikaanse Winden

en je zit en je wacht en je weet
niet
meer
wat de bedoeling is
en de hitte sijpelt door de naden van je
bloesje naar binnen en iedereen
zit en zweet en voelt zich
onbeholpen in deze plotselinge
ommekeer van zinnelijke zwarte lijven
glimmend in een droom die nacht
ervoor – en niemand komt meer los
van de lucht vol zand en kamelenharen
maar zal toch stevig in de klompen
moeten blijven staan in deze aardse
polder –
en zelfs de molens staan stil
en je snakt naar regen
en
iedereen
iedereen snakt
naar regen.

Hedwig Baartman

De ziel

langs de brug
groeiden braamstruiken
en onder de brug

de rivier stroomde langzaam
ik was op de brug
toen ik besefte
dat ik zonder stad,
zonder groot park, zonder bioscoop, zonder lawaai,
zonder mensenbeweging niet kan leven

mijn perspectieven kunnen niet groeien
zonder de botsing van het leven,
zonder moeilijkheden, zonder verdriet,
zonder ontmoeting, afscheid en dan vertrekken
mijn gedachten zouden een klein jongetje gebleven zijn
een verdoofde mens zou ik gebleven zijn
als ik trouw aan het geloof
gebleven was
mijn ziel zou nooit vergroten, ontwikkelen
als ik hem in het idealisme ingelijst had

mijn ziel moet een zigeuner zijn
die veel vertrekpunten herkent
mijn ziel herkent geen land, geen huis, geen bepaalde zone
hij is overal
mijn ziel herkent geen bestemming
maar hij is iets van mij
een eigendom van mijn lichaam
en niet van U

Baban

Tafelschikking

Nooit te ver gaan van het eten
dat op tafel staat.
Zelfs zonder dat eten, zonder die tafel.

Sta in het midden van de kamer. Sta zo
dat de tafel nog past, dat er ruimte blijft
je handen niet te branden.

Achter je de ramen met zicht op de tuin
de heg, de straat, de rest van de buurt
tot in het grijze waar de stad
zijn scherpte verloren heeft.

In dat tegenlicht elkaar als silhouet bekijken.
Genoeg om elkaar te bekijken
zoals ieder van ons
het eten bekeken zou hebben.

Een geruststellende wereld
wacht ieder van ons. Niet nu maar daar
aan iedere gedachte voorbij
met smaak gegeten en de gordijnen dicht.

Staan wij nog in het midden van de kamer.
Het licht gaat van mijn linkerhand
naar mijn rechterhand
verdwijnt in de bank
duikt een dag later weer op
streelt mijn linkerhand
weet van geen ophouden.

Jan Baeke

De dichter bedrijft de liefde

In de oude landstreek van zijn liefde
staat kreunend de herfsteik; over de knarsende
vruchten schuifelt zijn stap; achter hem waait het

licht uit – aan de einder verheft zich alreeds
de tumulus uit een toekomstige bronstijd.
Een karrenspoor, spiegelend van de regen, volgt

de moeizame zwerver. Modder dan voort
over de blote heuvels, tot je in de schemering
op een bosrijke tweesprong haar huis vindt.

Je hemd zal drogen in haar gouden schijnsel;
gebraden duif wiekt verheugd op je mond af
en weldra veeg je het vet van je lippen.

De stand van de sterren boven je hersens
verandert – onder het sidderen van de gebieden
waar jij je bevindt als een vreemde –

in de Beer met de bloedende voorpoot,
die in de val van de moderniteit is getrapt.
Na een eon of zo plengt de lome wijnstok zijn vrede.

Deze vergezichten ontwaart hij met ogen vol
laaiend water, nu hij doodsblij afreist
naar het zuiden van haar lichaam.

Benno Barnard

Leef

leef op zacht bevochten daden
in stoute gedachten
langs de eindeloze velden
van genot
waar dauw de huid betast
de vrucht ontboden
haast een god
je verder draagt dan verte ziet
en alles voor zal gaan tot snot
het onbesuisde wind vindt in het niet
dan daar de dagen plaagt
in aarde komt geen zonlicht meer
sla de uren door de nacht
en slaap even staand
in de gaten van geheugen
is geen leven
meer met jou
het is later dan voorbij
de sokkel van graniet
dus
pleeg een feest van jaren
en sterf failliet

behr

Jonas

In de buik van een walvis
tussen vlinders, vis en water
zoek ik naar voetsporen van jou,
verlicht door het lampje
in mijn denkwolk, zoek ik naar
waar het gras ophoudt
en de bloemen beginnen.

In de buik van mijn moeder
heb ik als een nerf in het blad
van de palm van mijn hand
een levenslijn geboren zien worden,
daar waar het begon met

Er was eens
en het ging over waar we samen waren
nog voor de walvis, de buik, voordat
we elkaar hervonden.

Bonnie Bengsch

Elke nacht weegt het donker een nacht zwaarder

*'you love me to death
but death may love you more'*
(Shakespeare)

Zoals jij je soms verdonkeremaande
in almaar meer lagen kledij
zo duik je nu weg in almaar dikkere lagen
stilte en duisternis.

Zo honger jij mij uit. Naar jou.
Al woonden we als zwerfhonden
in elkaar niemand paste zo goed bij je
wonderlijk grote ogen als jij.

Adapt or die, so she died.
Je werd van het leven afgesprongen
wegens onbegaanbaar.

We zijn veranderd, G, nu we doder zijn
dan ooit tevoren. Ik hoop dat daar veel goede
muziek mag zijn en altijd hongerige boeken.

Je wordt straks iets jarig, en we hebben elkaar
niet meer om onder vier ogen de dood uit te lachen.

Ook de koffie smaakt niet meer
naar ons.

Daniel Billiet

Uit de te verschijnen bundel: *Alles gaat voorbij, maar niets gaat over*

Lentegeluk

Ik had de bloesems glanzend zwart geverfd,
Daarna met terpentijn de tuin besproeid.
De geuren sloegen op mijn keel, het was
Ondraaglijk aangenaam om mij te zijn.

Getweeën knikkebollend in het gras
Dat onder ons gewicht een beetje sterft,
Verdort, vergeelt, vernederd zonder pijn
En morgen stom en rustig verder groeit.

We zien de bliksem in de verte. Zwart
De hemel als een smeltend negatief.
De regen klettert neer. Ik vind haar lief.

De storm gaat liggen. Plat. Op onze buik.
De lucht wordt blauwer blauw. Een merel zingt.
Ik zoen haar hard, terwijl een bij verdrinkt.

Erik Bindervoet

de wijn uit het kopje gebarsten ontbijt
zoals je je toast besmeurt, jamklodders
het tafellaken

de brievenbus weerlegt ons nog een maal
en nog een keer je kousen
ik zeg het je eens, ik vertel het je nog een keer, ik zal

je altijd een ander verhaal vertellen

maar je telt nog steeds wolken
zoekt naar een ander lijf, een dragonder waaronder

je verpulvert tot asfaltkarmozijn
toe maar, doe dan, blijf wolken tellen doe maar draai jezelf
nog maar een keer om

Estelle Boelsma

dag dag

rolt ie niet op ons toe
als de tong van de wind over bladeren
de dag

over de wegen met het vrachtverkeer
start wordt aangeklikt
door deuren en ramen begint hij te spreken

hoor je niet in messen en vorken
die verlengden van handen in alle toonaarden
de ketelmuziek van de stad

en probeer ik niet
dat hele ding van een dag vast te houden
zoals ik opveer bij het afscheid van een vriend

wanneer de merels aankondigen
in staccato dat ie vertrekt
het laatste licht ten afscheid

tafels en stoelen aantipt van terrassen
en wanneer hij zijn gloeiende overjas
zwiert over de schouders

laat hij dan niet
nog even torens en flats ontsteken
in vuur en vlam, niet wegbenen in rood

dan volgt de nacht

Dien L. de Boer

De Badeend Revolutie vol. Two

Vervolgen zijn altijd slecht,
gelukkig kan ik niet verder tellen dan twee.
Als de inkt op is,
is het vaak lastig om mijn handschrift te lezen.
Je moet weten dat platenspelers
de bom zijn.
Ze nemen nooit een blad voor de mond en in rondjes draaien
heeft nog nooit iemand zich vergist.
Schrijven vereist nadenken maar
schrijf niet alles op waarover je nadenkt.
Zo'n kogel doet zeerder dan je zou verwachten
en weet je, niemand is Vietnam al vergeten, hoor.
De grote bazen bedenken eerst wat ze op hun broodje willen
en dan hoe ze de hongersnood op gaan lossen.
Misschien is leven niet onze sterkste kant.
Het milieu is zwaar onderschat maar
wat zal er veranderen als we het wel goed inschatten?
Als we iets aan het klimaat willen doen
moeten we eerst iets aan het kapitalisme doen.
Jaja, moderne mens, de stoppen slaan door en
zonder licht is het moeilijk kijken in de meterkast.
Ik zou dit een liefdesbrief kunnen noemen
maar wie zou het geloven?
Ik geloof het zelf niet eens en ik
geloof niet dat ik wel in geloven geloof.

Marjolein Borgers

Peter en de Wolf

opgedragen aan Sergei Prokofiev

'Opa, mag ik buiten?', vroeg Peter half gedwee.
'Nou goed, kleinzoon, maar houd het hek gesloten.
WOLVEN hebben er geen moeite mee,
jou uit je vlezen jasje te ontbloten!'

Eenmaal in de tuin sloeg de verveling toe.
Een eend kwaakte, een vogel zat te fluiten,
de kat gaapte breed van het luieren moe,
en dat deed Peter tot actie besluiten.

Ondanks verbod zette hij het hek open
en riep: 'WOLF, WOLF, help au, uw gebit knelt!'
Verschrikt kwam grootvader eraan gelopen
met zijn geweer bereid tot bruut geweld.

Peter lachte: 'Opa, het was maar een grap.
Er is geen WOLF, gaat u maar weer naar binnen.'
De grijsaard vloekte, sloot het hek met een klap
en keerde terug. Het feest kon opnieuw beginnen.

Hek open, 'WOLF, WOLF' roepen, de oude man.
De jongen kon er geen genoeg van krijgen.
Een derde, een vierde maal, een heerlijk plan.
'WOLF, WOLF'. Hij wilde nog lang niet zwijgen.

Maar ten slotte sloeg grootvader op tilt
en strafte Peter langdurig en woest.
'Jij je zin. Je hebt zo vaak WOLF gegild',
sprak hij, 'dat er wel een WOLF komen moest.'

Dichtkring RondRijm ft. Paul M. Borggreve

NAPREEK

Nu de beboterde hoofden zichtbaar worden
alle zichtbaar worden en de brillenglazen
alle zijn beslagen rest niets dan het dagen
van zoete hoop van liefde ook en van het geloof
de zuivere draden die ons verbinden met ooit
was het beter ooit heerste er rust en de kust
ah de kust wat was het er toeven toen nacht nog
van jeugd was en jeugd nog jeugd was en niemand
nog vet op zijn hoofd behoefde en niemand nog wilde
dat het weer dag werd en dat werd het dan ook niet
we dronken en we zongen en we rookten en we vreeën
en de maan die zag het aan en mooie waan die ruiste aan
in de lichtgevende golfjes wij zagen gestalten van schuim
wel in zeventien kleuren de rimpels glad trekken wij zagen
zo veel zo veel verstandigs in de eenvoudige lach van het kind
dat zo naadloos aansloot bij onze latere weeën en we vreesden
niet vreesden niet eens dat dit ooit af zou lopen dat er een eind
aan kwam dat het tot vervelens telkens grauwer dag zou worden
dat er een morgen was zo grauw dat er überhaupt een morgen was
wij wisten het niet wij wisten van niets en dat, dat willen wij weer.

Pieter Boskma

Uit: *Het violette uur*, Prometheus 2008

Ik prijs de oude Chinezen die me een paar
woorden nalieten. Een grap zonder clou,
een stomme vraag,

regels op papier dat nu wordt bijeengehouden
door niet veel meer dan inkt.

Ze wisten dat hun wereld en andere
zouden verdwijnen in manden
op de rivier.

Ze vierden dat, blij dat ze ons allen
hadden gered.

Wim Brands

(vrij naar Philip Whalen)

Brievenbusblues

Dat ik een brief moet achterlaten in een brievenbus
opdat hij komt waar ik hem wil, is als het laten uitvliegen
van langgekoesterd kroost:

tanden sluiten voor de schrijver die zich misschien wel heeft bedacht
en enkel handen van een vreemde kunnen nog zeker weten
dat is zoekgemaakt of juist niets misgegaan. In onbekende landen

waar de taal me niet op de tong ligt, observeer ik eerst als
wetenschapper van correspondentiezaken; pas als ik weet
hoe laat, hoe vaak, door wie de bus geleegd wordt – dat

de bus geleegd wordt en niet per ongeluk verkeerdelijk wordt
aangezien want eigenlijk een van een gleuf voorziene
bedradingskast of overwinteringsinstantie voor verdwaalde

vogels. Niemand neemt de moeite om me te verzekeren dat de bus
geen ondergronds geheim herbergt, de lange gangenstelsels
waarin spoken huizen die ik kost wat kost buiten de deur wil,

zij fluisteren dat er geen antwoord is, dat er nooit antwoord komt
omdat adressen vals zijn en de naam van wie ik schreef een

pseudoniem voor niemand.

Anna de Bruyckere

Ouderschap

Toen je nog een zakje poeder was in ons hoofd
genoten wij van jou
strooiden jou over ons heen
bliezen jou om en om
vingen jou in het geheel weer op
lachten
stopten jou terug in dat zakje
deden weer ernstige dingen

Toen je tot een ding werd
braken wij ons hoofd over jou
wisten wij niet meer te slapen
maar wij konden jou nog wel verstoppen
9 maanden

Toen je als een worm tevoorschijn kwam
gingen wij jou baden als een worm
voeden met wormpjes uit de tuin
maar vooral in dikke dekens wikkelen
om jou te laten rijpen in een hoek
wij lachten minder maar wij deden als wij jou vergaten
nog wel nuttig werk

Nu daarentegen heb je vele handen, voeten
er is geen ontkomen meer aan jou
wij lachen niet meer
de werkzaamheden zijn gestaakt
je oefent steeds vaker met mes en vork
je kijkt naar ons

Bernhard Christiansen

Uit de voorstelling: 'Neem een ballon' van theatergroep Platonia

Cold Turkey

nu deze nacht diep in mij zakt
zweef ik langs de grenzen
van dit land; mijn hand heeft geen gewicht
mijn spiegelbeeld krijgt geen gezicht;
ik ben mager onder mageren
en wat ik hoor, wat mij ook drijft
dit blijft in deze zwart verlichte nachten
mijn adagium:

fuck de stenen in de straten
niemand hoeft mij nog te dragen
ik leef op lijnen en dein langs graten

de tijd staat stil, maar het wordt later

Derwent Christmas

Haas

Een van de vermetelste wezens die ik ooit heb ontmoet is het kofferhaasje. Het was op een winteravond in Malmö waar ik in een verlaten zomerhotel mijn bagage op het met zeesterren bevlekte beddengoed wierp, dat het kofferhaasje onder mijn verschrikte blik het kofferdeksel openstootte. Wij staarden elkaar aan, het kofferhaasje en ik, en zoals eerder al anderen beweerden geeft de blik van een kofferhaas het gevoel dat men inbreekt in de intimiteit van het haasje, terwijl het toch duidelijk het kofferhaasje is dat opduikt uit eigen ondergoed. Nu ben ik meer gewend dus ik week niet en keek even kordaat en vermetel terug. Het kofferhaasje daarop, trok zijn lip verder weg voor zijn tanden en zag er vleesetend uit. Maar ook ik spande mijn lip en het haasje, verrast door die tegenstand, knipperde een tel met de ogen. Ik dook in het ogenblik, greep met twee handen twee oren en duwde hem snel in een vaas die geheel leeg op de vensterbank stond. Enkel de lepeloren nog zichtbaar stak hij nu op uit de hals, aaibaar tulpenblad. Gereduceerd tot deze compacte proportie liet het kofferhaasje zich die nacht niet meer horen. Diep sliep ik de slaap van de onbedreigde.

Eva Cox

ZEEUWS MEISJE

zullen we dan maar, komkommertruc
van wie bin suunich, wie begint de leeuw
uut krant van waterlandkatzandverstand
het schreeuwen van de meeuw

het teringtrekpaard delft ploegstuk dijkbewaking
likkend zout en schuim langs tarwe op de lijnbaan
in de vlaggenkappershow, hoe heet je opperkleed ook was
niets bedekte me, iets geloofde je, alles hoopten we

jij hebt dat ding niet nodig wolkenrok
het stromen van je bloed doordrong me
je witte kap blonk haringvliet
ik zwom met stom geluk voorbij verbodsbord H
bezong het ruisen van de vloed

kom, stap maar weer eens op verwaaide resten drijvend
   doperwtslaapschaakbord
ontwikkeld in de witte wereld van je boterfuturisme
uit de C van barman de barbaar
ik zag die vage tandarts met je flirten
daar op de horizon
die lijn daar toen de dag begon
& het werd licht

Dalstar

wat hij zag gaf hij geen naam

toen hij net niet langer meer sliep en net niet wakker was
liet hij geesten toe, trokken in en uit zijn kleine kamer
onbekommerd schudden zij hun ledematen, ergens
vielen spullen als druppels water, nauwelijks hoorbaar
was zijn stem, die klonk alsof die niet van hem was, die zei:
je mag maar een keer kijken, kijk je een tweede keer
zal je vergeten wat je hebt gezien.

sprookjes bestaan niet, dromen zijn niet waar
dat wist hij, stond op, liep van zijn bed naar het raam,
dacht aan weinig, een wolk trok loom als een walvis,
melkwit was de maan, er drong zich iets op,
iets van kindertijd, bloed dat vloeit uit een snee
in zijn huid, het is maar huid, open huid, hij keek toe
hoe sneeuw viel, wat hij zag gaf hij geen naam.

Annelie David

Eiken kunnen niet kwijlen

voor Jan Glas

Als je het aan de eik zou vragen bloeide ze
aan de rand van een dodenakker. Vooral lichamen
van zondige kinderen vormen een goede voedingsbodem,
jonge lijven scheiden al ontbindend een stof af
waardoor eiken sneller groeien. Vandaag ben ik
twaalf jaar.

Ik zit met Bram onder de grote eik, het is zo warm
dat de boom hars op ons kwijlt. Ik leer en lees
de braille van de bast, hongerig want korstdroog
bonkend onder mijn blinde vingers. De hars plakt,
veeg handen af aan mijn dunne jurkje. Takken kraken,
kijk omhoog

likkebaardende bladeren. Ik zie niet
de grond waar gebarsten eikels
met harde wortels wachten op aarde.

Ellen Deckwitz

Op rolletjes

Zwerven wil ik
heel Brabant door,
springlevend
mijn geest,
gekluisterd
mijn lichaam.

Aan de aarde gebonden
doet elke stap mij pijn,
met kruk en stok en
steun op wieltjes.

Wat eens was
komt nooit terug,
maakt tam wat ooit
de strijd aanging.

't Benauwt me, al
loopt mijn leven
op rolletjes,
dat 't lijf te moe
wordt om weer
op te staan.

Maar ademen doe ik
nog dag en nacht.

Albert van Dijken

Majakovski's finale

Mijn loeiende liefde splijt kruisers
op ijs, ik zal ze de kelder
in zingen, ik zet mijzelf het lied
op de keel, zal pleinen tot pleinvrees
        dwingen

ik heb nog een stuk of wat schoten
op mijn zang, mijn karkas
zal met arbeiders dansen,
ik schud ze als vruchtbomen kaal
en ik ga ze mijn glanzende doodstaal in stansen

ik word het orgaan van mijn eigen partij
ik schrok mijn gedichten naar binnen
mijn uitgemarkst lichaam drijft propvol langszij
en barst van de opgestookte zinnen

ik heb de grammatica van het werk overvraagd
ik start mijzelf op met control alt delete
om van voren af aan te beginnen
en word aanstonds zo kolossaal
dat de aardbol verkleint
en mij niet meer draagt
en verpakt in taal
in het heelal
verdwijnt

Maarten Doorman

In memoriam s.s. Pacific

9 februari 1943
voor de 30 opvarenden

Spoel zacht aan op het vlakke strand
na storm die schip en mensen vrat

rust tot de tijd vergleden is
en roest het wrak vervreten heeft

een vreemdeling zal bij je staan
je noemen bij je volle naam

herleven nu de mannen al
galmt 'Pacific!' ten laatste maal.

Bart FM Droog

Persona

Het doek wit, dat smetteloos verhult en verraadt
is je zo na, als licht dat in spiegels ontsteekt
kleurend perspectief van jouw gelaat
dat verschuift en menigvuldig tot je spreekt

Zo is het jouw beeld dat zich openbreekt
in fragment dat zich niet benoemen laat
dus wordt eenheid met verf en palet afgesmeekt
Ruimte en tijd, ze voegen zich naar jouw maat

Maar nu, in ieder doek met geest bestreken
voltrekt zich de eigenlijke scheppingsdaad
wanneer je door eigen creatie wordt aangekeken
spiegel of masker voor wie jij je kennen laat
Zo is dan al wat we zien slechts teken
persona, waar achter het wáre leven gaat

Marc Eyck

Nog ikker dan ik

in memoriam Max Velthuis

Toen ik weer eens zat te zeuren
want ik had weer eens zo'n dag
van alleen maar sikkeneuren
toen ik het niet meer zitten zag
doordat ik, te goed van vertrouwen,
ergens zwaar was ingeluisd
toen ik het niet meer uit kon houden
ben ik ten slotte maar verhuisd.

Ik verhuisde me in een kikker
in dat beest voel ik me fijn.
Hij is als ik maar dan nog ikker
zoals mijn kikker wil ik zijn.

Ik leef voortaan in mijn kikker
zelf getekend met mijn pen
en zo word ik alsmaar ikker
nog ikkerder en kikkerder dan ik al ben.

Karel Eykman

Uit: *De kantoortoren van Babel*, Uitgeverij De Harmonie 2008

Amazone

creëer jezelf
een ander heden

één waarin je flaters
zijn vergeten

je bent er voorwerp
van begeerte

van een amazone
zonder paard

die liftend langs
de snelweg staat

je pikt haar op
en neemt haar mee

naar een kamer
in een sjiek hotel

waar jij
jezelf overstijgt

en zij door jou
wordt ingewijd

je lijf is niet eens
half moegestreden

als plots haar darmen
op gaan spelen

ten teken dat je
kunsten haar vervelen

weerom is het
bewijs geleverd

van geluk heb jij
geen pap gegeten

je bent het kneusje
op de laatste bank

als zelfs je fantasie
niet meer dan de kopie is

van wat ooit een
veelbelovend leven was

Andy Fierens

In termen van waren

Nooit je oren bedekken. Nooit meer je oren bedekken voor het geluid
van een bolderkar met glas gevuld, je niet weer weerhouden
van vingers tegen wilgen leggen. We beginnen gezwollen
de doorns uit de mast te trekken, met dikke voeten
vouwen we het vloeipapier. Zo graag omhuld
willen worden, zo graag voor iemand
een oase zijn.

We zijn in termen van waren alleen geweest.
We zijn van hand tot hand gegaan, marskramers hebben
ons nieuwe kamers in gedragen. We hebben de kastanje
zien bloeien, met ons werden wilgen geknot. We speelden
voor oude vitrage. We hebben hier al die tijd ontkurkt gehangen
tot iemand ons aan onze lippen dronk. We hebben ons afgevraagd
en geen antwoord gekregen. We zijn in termen van waren enkel
geweest gebleven.

We hebben steeds aan tafel als aan een vraagstuk gezeten:
er was iemand die vroeger de maaltijd bereidde, die net als wij
of als van ons, van witlof hield,
die splinters spreidde.

Vicky Francken

Een man staat in een huis en als er muziek wordt opgezet
komt er een vrouw binnen

Zijn jas hangt over een lege stoel, hij is ermee naar haar gelopen
kleedt zich uit en gaat zitten

Hij draait zijn hoofd om
Een voor een betreden vrouwen een weiland

Hij wendt zijn hoofd af
Een voor een vallen ze uit beeld

Het is mooi als het weiland vol is
Wat is het licht als er niemand is

Annemieke Gerrist

Drie dagen

Weet je nog, de treinreis die je maakte
naar waar het snikheet bleek te zijn.

Hoe de trein drie dagen
vele kleine stations voorbijraasde omdat ze
te onbeduidend voor je grote reis waren.

En de seconde verbondenheid met de mensen
die er wachtten. De stille concentratie van
die kleine pleisterplaatsen buiten
de randen van de reis.

En aangekomen op het grote station.
Je toen pas besefte
dat je niet alleen had moeten gaan.

Jan Glas

Gevogelte

Te midden van de vrouwen (goed onthouden:
de gedachte rechts ziet u de vrouwen links de verlossing
is een gevaarlijke illusie) verwoed aan de slag,
de klus, het verenkleed der gieren, moet nu beslist af,
onberispelijk moeten ze eruit zien, er mag
geen veertje scheef zitten, want vandaag
is de dag: ze vliegen uit;
ik zal ze nakijken; zien hoe ze langzaam
maar zeker de gedaante aannemen van leestekens in een verblekende
    hemel;
niet ik – zij zullen weten naar wie ze moeten vliegen.
Mijn verlangen: alsof ik grote vleugels op me af hoor ruisen.

Wouter Godijn

rotterdam

de kroketten in hotel new york
eet men met mes en vork

Karel ten Haaf

Hofnar in de Prinsentuin

Daar stroomt de Prinsentuin weer vol
met zelfbenoemde Vorsten en Vorstinnen
en hun Koninkrijken op geschept papier.

Ze drinken rode wijn en bier
en lezen met royaal gebaar
decreten uit hun schriften.

Ze knikken minzaam naar elkaar
en de meegetroonde luisteraar.

Erik Harteveld

Een tuin in de hel

Alles is zwart in de tuin
de bloemen zijn van steen
ze drinken asfalt en ademen as
en geuren naar vuur.
Over welke hel praat Rambo?
De bomen hier hebben de vorm van brand
en de zwarte vruchten van pijn
hangen naar de afgrond
elke roos hier is een vlam
die verwijst naar de dag des oordeels.
In de tuin van de satan...
de gangen zijn nauw als een eilandje
omringd door zeeën
en elke stap, verkeerd, leidt
naar een hel als de hel
de roos van het paradijs is zoals de satan
die wilde hebben in zijn tuin
een gebakken steen
in de vorm van een zwarte nachtmerrie
en smaakt naar asfalt
over welke hel praat Rambo?
Op de Canarische eilanden
leven de mensen in hun donkere standbeelden
en als ze zich verroeren
raast de zee

en verdwijnt achter zijn idee
in de tuin van de duivel
(zijn het de Canarische eilanden?)
staat de kolen roos
op één stang
en rookt haar geschiedenis op.
Alles is zwart in de tuin van de duivel
en rook is de heersende taal
de zinnen koken
en de woorden verdampen
als de wind hun uitspreekt.
Elke stap, verkeerd,
leidt naar een hel als de hel
het is niet gemakkelijk
om te ontsnappen uit de tuin van de duivel
en ik vraag me af of ik zwart was
voordat ik in de tuin terechtkwam?

Salah Hassan

de pop en de touwtjes

Je wilt me nu wel kwijt, maar wacht maar, als
ik eenmaal als een ongedragen jurk
tussen je jurken hang en tot een staking
weet aan te zetten, als je kleren stuk
voor stuk aan je ontvallen, dan zal het jou
nog spijten als ook ik geruisloos rond
je wegval en ik spottend opzie naar
je trotse naakte leden.

Je wilt me nu wel kwijt, maar wacht maar, als
ik eenmaal bij je poppen opgesloten
mij in heb laten fluisteren welke rol
ik heb te spelen en aan welke touwtjes
ik heb te trekken, weet, in opstand komt
je leven pas tot leven.

Krijn Peter Hesselink

bakerpraat

je hebt het verleden opgeklopt moeder
we dragen geen hansopjes meer
de wereld ziet vandaag net zo scheel
    als de vibrerende waterknuffel
    van twee hoog achter
ontdaan van al zijn leed
weet je nog van al dat lachen
vertel ons, waar halen we de boter nu
waar is het ego-barbie-pact gebleven
we verzopen in verlangens, moeder
zeg ons waar we graven moeten
waar haal ik nog wat schaamrood weg

alles is retro in dit drooggelegde land
de schelpen zijn we kwijt
we moeten nodig zoeken
mooie asbakken voor na het zwemmen
natte haren in volgezogen chloorslierten
kom, we roken er nog eentje
gestolen fietsen, dat was pas echt de hel
toen alles nog in rijen stond
moeder
en ik als fijngemalen baksteen in jouw handen

Saskia van den Heuvel

DINGEN DIE JE DACHT

Dit zijn herinneringen aan gedachten. Mieren willen niet graag de inktpot in, ze lopen liever over vingers en armen. Bomen zijn van hout gemaakt. Als je bij de zaagmolen een sok vult met zaagsel lijkt hij op een afgezaagde voet. Maar dan zonder bloed. Witte kippen hebben rode kammen. De kammen zijn slap. Kippen hebben geen haar. Krabben gaan wild dansen en krassen en vechten als de pan heet wordt. Ze hebben puntige poten waarmee ze elkaars ogen uitkrabben. Een koekoek komt niet uit een ei maar wordt in de oven gebakken. Aardappelen groeien aan een boom onder de grond. Meisjes hebben vlechtjes waarmee ze de hemel ingetrokken worden. Ze moeten altijd oppassen. Als ze hun benen te wijd open doen splijten ze een beetje en dat doet erg zeer. De zon schijnt niet altijd op zondag. Hooiwagens zijn eigenlijk spinnen, maar ze hebben soms maar zeven poten, soms zes. Ze kunnen niet op één been staan zoals wij. Frambozen zijn het lekkerst als het onweert. Licht maak je uit met heel veel donker. Oorwormen wonen in notendoppen. Onder zwart zand zit geel zand en als je heel diep graaft vind je goudstof. Wormen hebben boren van voren. Wormen kunnen niet praten maar wel plassen. Dat doen ze in de grond. Een konijn hoort dingen langer. Mijn broer is bang voor honden en daarom zijn ze niet bang voor hem. Ze kunnen blaffen en zeggen dan iets. Wij weten niet wat. Later ga ik blaffen leren, zodat ik met de honden kan praten. De rode besjes van de hulst kunnen in de wasteil drijven. Ze kunnen niet verdrinken zoals kinderen dat doen.

Wim Hofman

te ver vooruit

ik denk denk ik
te ver vooruit

als ik een mooi meisje tegenkom
denk ik altijd direct

aan hoe het uit zal raken

Klaas Knillis Hofstra

Offer in het lentehuis der letteren

Alsof er nog jaargetijden zijn – als een toeschouwer die
zelf scenario's bedenkt, zwaan die kinderen voedert.

Zomer voelde geen visjes aan de voeten – herfst zaaide
witte uilen, dood rukte aan de deur – winter beukte
tegen de ramen: 'Snoei u!' Gevaarlijk treurspel.

Welkom. Is er post voor Florentina? 's Ochtends valt zij
door de sterren, 's avonds springt zij naar de maan.

De nachtmerel fluit, ontregeld lied. Dus dit is lente.
Boeken worden bomen. Zorg ook voor de twijgen, kijk
om de hoek van 't huis. Ontsporen hoort bij mei.

Zet het raam eens open. Of vergader als de bloesemrokjes
blozend van de maan. Knal open – nu wij nog bestaan.

Peter Holvoet-Hanssen

21.03.08, voor het oude huis 'De Lente' – nieuwe verblijfplaats van het
Vlaams Fonds voor de Letteren te Antwerpen-Berchem.

Ex op mijn Drempel

De passie was er uit en viagraloos
was ook het laatste retort. Want
die lul had het moeten vergrendelen,
verzuipend in het kruis van een naamloos lichaam.

Zo stond ze op mijn drempel en declameerde
bedrog. Ergens heerst een oorlog,
probeerde ik nog, in een naamloos land,
maar troost laat zich niet omkopen.

Ze stapelde binnengekeerd
drank op woorden, die haar
meenamen naar eigen landen
weg van mijn zinnen over verlaten.

Vergeven zei ze en in dat hoofd heerste oorlog.
Misschien had ik met haar willen vrijen,
kogelhulzen van haar schouders willen kloppen,
maar sterkte komt in glazen.

Vertel mij nu eens hoe vergeving werkt,
met her-ontsloten lichamen
en de andere wang die al even
viagraloos vergoten is.

Eric van Hoof

Van wie ook weer was ik

Van wie ook weer was ik
wanneer gaf ik mij af
een pakketje mond ogen
een ondervoor een voorboven
wat rare gedachten
een eendje dobbert
op water van een ander.

Wanneer gaf ik mij af
van wie ook weer was ik?
Ik was een pakketje mond
ogen een ondervoor
een voorboven, wat rare gedachten
een eendje dobberend
op water van de ander.

Wanneer gaf ik mij af?
Van wie ook weer was ik?
Ik dreef rond als een pakketje mond ogen
een ondervoor een voorboven, wat rare gedachten
op water, als een eendje, dobberend
en er diende zich steeds ander water aan.

Wanneer gaf ik mij af?
Toen ik als een eendje van water
naar water dobberde, mijn
boven en onder voor mij uitdragend
als een cadeautje en dank voor dobberen
en dat ik van wie dan ook was

Sylvia Hubers

Uit de voorstelling: 'Neem een ballon' van theatergroep Platonia

Fietsers van 16

Geloosd als droog gevallen blad dat de wind aan zich bindt door zich te laten gaan: zo waaieren ze over het asfalt, met de dood verlegen achterop en hun leven luidkeels schreeuwend voor zich uit, met hun tas vol vergeten en hun jas nog veel voller oningevuld lichaam. Genietend van getier, elkaar pestend met pret proberen zij hun jeugd onklaar te maken; laveren als zatte zeilers over de vaart van de weg, die zij zich banen naar de tijd die hun straks een stem zal geven door deze af te nemen.

Theo de Jong

Je ziet hier iedereen voorbijkomen

interview met het bushokje   Marcanti-eiland

achter me stonden vroeger
op een zandvlakte in de winter
de kermisgasten
die zijn nu verstopt aan de overkant
tussen de markthallen en de begraafplaats

soms ben ik een bed
en vaak slachtoffer
van vandalisme
ik zat een keer
vol met kogelgaten

als iemand bus na bus
niet instapt de ogen gesloten
het hoofd tegen mij rustend
wou ik dat ik de rokken
van zijn moeder was

mijn glas rammelt
zachtjes bij het remmen
en optrekken van mijn vrienden
de nachtbussen

om de zoveel jaar krijg ik gratis
een complete makeover
ik begin nu te rotten
in mijn betonpoeren
maar zo lang de stad blijft
zal ik wel blijven

ik word ook op gezette tijden gereinigd
eind jaren tachtig
was er een klein punkmeisje
dat steeds weer *glasnost* op mij spoot
vorige week verkondigde ik nog:
weg met de kazen!

het mooist is het
als ik vol stroom
met lijven op zoek
naar de gewenste afstand
van elkaar en de regen

ik heb een keer gedroomd
dat ik midden op straat stond
en iedereen dwars door me heen reed

de volgende dag
was ik tijdelijk opgeheven
wegens wegwerkzaamheden

dat moeten ze niet te vaak doen
dat is niet goed
voor het zelfvertrouwen van een bushalte

ik heb een neef
waar nooit iemand uitstapt

Hans Kloos

Uit: *Zoekresultaten voor liefde, dood, afscheid, huwelijk, oorlog, water, biografie, vriendschap, geluk, geboorte, ouder(s), alleen, jarig, sonnet, school, zomer, verhuizen, humor, poëzie, oma*

Katwijk

Het strand is van ons.
We spelen meeuw vandaag.
We lachen onze kelen schor
in snavels van glas
en bouwen nestjes in het zand.

Soms rennen we
met fladderarmen
de branding tegemoet.

En ooit zal het ons lukken:
op een dag stijgen we op,
kop in de wind, steeds hoger.
Tot we de hemel vinden
en niet meer treuren om het getij.

Tot die tijd blijf ik bij je,
als je wil,
en streel ik
het zout uit je veren.

En als het koud wordt
sla ik iets als vleugels om je heen.

Peter Knipmeijer

Kleine Assepoester

Genot,
de soepelheid van huid op huid
Je leest mijn leest
Ik ben voor altijd aangeraakt
je trekt mij aan
en streelt mij uit
kleine schavuit

Je wrijft mijn wreef
mijn enkelboog
Je bent precies voor mij gemaakt
mijn lief van zool tot scheen
uniek, gepast,
mijn kleine teen kwispelt verrast
niet één die zo behoedzaam om mij sluit

Hoe kom je zo verbazend zacht
en sterk, zo voorbestemd
jij warme kleine koesterkooi,
waarin ik rust als in een hand
geaaid, bemind, jouw onderpand

zelfs als je staat en wacht
alleen en leeg
–waar is de bruid–
draag je het voetschrift van mijn lust
ten volle uit.

Marga Kool

Pagga

Ik heb korrels gespaard en dit strand gebouwd
de nacht is voor vuur en voor takken
zoeken om je slaap te verwarmen

Ik tel 's ochtends het blauw en de vogels
om de storm te voorspellen en de kracht
waarmee ik de duin afrol vertelt me hoe hard
het gaat waaien vannacht

en als de zee de volgende dag aarzelt
verover ik in mijn laarzen de vloedlijn

laat ik Antje brieven schrijven aan de zee-
mansmoeders voor het hout dat ooit een schip was
dat zonen droeg als een zwangere buik

til ik klipperplanken dichtbij de duinkant
om met juthout en splinters mijn zooien huus
een tafel bij het zijraam en een kast
voor de flessenpost die we nog voor het doodtij
terug in zee moeten smijten

bedankt voor het hout en hier
is een groenglazen fles om iets in te bewaren

Ruth Koops van 't Jagt

Levensgevaarlijk

Voor S

Mijn jij zit daar,
zich ogenschijnlijk
onbewust van mij.

Mijn jij dept met
de mespunt
van haar lijf een wijsvinger,

slaat loom
een bladzij om.

Je houdt mijn adem in.

Onno Kosters

Schedelplaats

Dit hout, gemaakt van bomen
die vader aan de aarde schonk,
weegt zwaarder nog dan slagen
van scharlaken spot en zotten

die vergeving moeten krijgen
voor hetgeen ze niet begrijpen.
Er rest nu enkel dromen dat
de goede boodschap over ons

gekomen echt de juiste is.
Er drijft een distel in mijn hart
en de dingen om me heen
worden vrienden die gaan slapen

maar ben ik zelf ooit wel ontwaakt?
Was ik de doorn in vaders oog?
Een vraag die brandt en gal verteert
mijn bloed dat vloeit uit grote gaten,

het wordt mij zwart voor ogen.
De spieren uit elkaar gesleurd
de laatste lucht gezogen
het lijkt nu echt volbracht

maar god, mijn god
waarom hebt u mij verlaten?

Sacha Landkroon

Vries

Er zou voor ieder mens ergens een kamer moeten groeien:
één millimeter nieuwe ruimte

als rente voor elk waardevol voorbij
moment. Een vertrek om te vinden, te innen

wanneer je het aandurft er luid passen tellend door te gaan,
de oppervlakte te berekenen in damp

op het raam. En dat getal, ik zal het tijdens mijn bezoek
lezen noch na-

tellen alleen de vriesbloemen die het
uitwissen.

Ruth Lasters

Gent

voor Mustafa Stitou

Je stem droeg voor
als uit de koran
beschreef hoe je vader
uit zijn kist herrees
en met je liep,
hoe hij je zijn gewicht
bespaarde

Zonder toonverschil las je voor
uit varkensroze ansichten en
ogenschijnlijk onaangedaan
je lange zware gedicht

Vrouwen, veertig en vijftig en
minder ook: amandelcake uit een reusachtig
grote koektrommel verdween in kelen
rondom een brede lange tafel,
waar overheen een kleed met strepen

Je verschoof je stoel,
verschoof het kleed en ook de tafel had aan de randen
strepen, witte; je elleboog trachtte die te bedekken maar
te laat, het moment van lijden en lezen over lijden
verwerd in één klap tot poëzie aan een pingpongtafel

Myrte Leffring

Ons Mekka

Dagelijks dragen wij ons Mekka met ons mee
in de plaatsen die wij als kind vertrouwden,
in de mensen die wij jong vereerden.
Wij hebben allemaal de films gezien die ons
transformeerden. Verhalen die schrikbarend veel
op de onze leken.
Biografieën die om monumenten vroegen en
bewierookte altaren. Gedichten die ons raakten
zonder dat we dit konden verwoorden.

Nieuwe plekken betraden we
alsof we er thuishoorden. Alsof we een schilderij
aankeken dat over onszelf ging.

Het zonlicht door een raam, een nieuw gezicht
dat toch zo vertrouwd is – als de openbaring op een dag
dat alles wat gebeuren zal, al gebeurd is.

We dragen dit met ons mee achter onbewogen ogen
in lange mensenfiles tussen willekeurige plaatsen.
We bouwen hieraan met puzzelstukjes ons
door de verbeelding aangereikt. We drukken dit uit in
belichaamde zielen op schaarse momenten van intieme
zelfkennis.

En dan op het hoogst van ons woord en geloof
beroepen wij ons erop voortaan niets anders te zullen aanbidden
dan dit.
Bevlogen verstrikken we onze oordelen in het hart.
Om nu louter te leven naar die kunstig vervlochten regels
die allemaal niets zullen baten.

Joris Lenstra

Buigen

Ik zweef boven iedereen uit
in het geheim – de wereld weet
nog niet precies dat ik er ben.

Ik moet soms ook nog wennen
aan mezelf, maar mijn voorsprong
is al groot. Wie mij voorbij wil

op de fiets, moet om mij heen
in een bocht. En een bocht
is wel een soort van buigen.

Ted van Lieshout

Uit: *Mijn botjes zijn bekleed met deftig vel*, Leopold 1990

raam

alsof de wereld een raam is dat je,
als je ziet dat de zon schijnt en kinderen
met fietsen de straat in rijden,
kunt openzetten en weer sluiten
wanneer het regent of sneeuwt,
zo maak je het jezelf wel makkelijk.
ik vroeg me af: hoe open
laat je de kier als er wind is? hoe lang
wacht je met komen als ik
met mijn vingers op het glas tik?

Sylvie Marie

Polsen voor haar voorhoofd geslagen.
zijn vuisten dansen op borst en buik
De trap naar boven is niet alleen
Geen zandstralen raakten ooit het raampje
boven de deur. Boven zijn de kamers leeg.

De huid van de trap omhult haar krijsen
Ik weet dat. De kast hier onder niet bewoonbaar.
Het hoekje van de kamer houdt haar bovenarmen vast
Dampend vuur maakt de muren blind
Een waas. Boven zijn de kamers leeg

het blauwe kroeshaar van de trap
het blauwe kroeshaar van de trap
het blauwe kroeshaar van de trap
op elke kinderfoto lach ik.

Emiel Matulewicz

Als een droom die je je niet herinnert

De glanzende zwartheid van de piano, een lichtkier om
deur, sleutelgat, de dreunende passen van mijn vader
op de overloop is het dag, maar de nacht is van mij, wakker
gehouden door de gedachte dat ik nu echt slapen moet

Hoe sliep Napoleon, Hitler, zijn mond half open,
het snorretje haast kinderlijk, hoe slaap jij, zo ingespannen
als je door het leven gaat, zo diep is je slaap, alsof je
hard autorijdt, een moeilijke film ziet, met je ogen dicht

wetend zonder het te weten, al slapend zijn we het meest
onszelf, niets intiemer dan naast iemand dromen,
het rustgevend brommen van wasmachines, bommenwerpers,

monsters van eigen makelij. Je lichaam wordt zwaar, almaar vallend
in een oneindige afgrond, daarom vallen kinderen in een hoogslaper,
staat je bed op poten, wachten daar zeker toetsen in de nacht

Hanz Mirck

Uit de in september 2008 bij Prometheus te verschijnen bundel:
Archiefvernietiging

Berusting

De starrenmantel van de nacht
Valt strak en kil om mijn vermoeide
Verslagen leden, toegeschroeide
Ogen, die de stralenmacht

Der zonne niet verdragen konden,
De oren, horend hoe men lacht
En alsmaar horend zich veracht
Slaat wat geweest is nieuwe wonden

Temidden van dit brandend zeer
Is alle nostalgie verzwonden;
Ik, in mijn diepste zijn geschonden
Verlang al lang geen terugkeer meer

Simon Mulder

juli 2007

Solvognen fra Trundholm mose

Ja, alles gaat kapot. Maar niet dit paard,
dit paard op wielen dat de zon doet rijzen
en dalen op de wieken van de vaart
van de tijd, dravend op de zonnewijzers,
galopperend in de klokken. Het staat
al vierendertighonderd jaar te kijken
hoe alles om hem heen langzaam vergaat;
in stilstand vliedend gaat het over lijken.

Ook van de arme donder die het smeedde
rest weinig meer. Hij was geen knutselaar.
Dat kun je zien. Hij wist wel wat hij deed.

Na alle rondes die het heeft gereden
is het nog steeds niet aan het einde klaar.
Eén en een kwart miljoen zijn het er reeds.

Ronald Ohlsen

Klimpartij

Onze schoenen weigeren
zakkende moed de toegang
liever steunen ze ons stijgen

de heuvel op naar de beuk
met de vol geschreven bast
en de bank om uit te hijgen

schoenen onthouden wat
wij al klimmende vergeten
elke top is een begin dat

aanstonds voor je neus ligt
als uitzicht – de wazige verte
houdt een belofte in.

Bas Rompa

File

Lager dan dit kan de hemel niet komen:
vlak boven onze hoofden hangt asfalt en
traag als regen stroomt het onder onze wielen
weg. Zo boven, zo beneden.

Zes triljard auto's van horizon tot horizon.
We staan stil en kijken elkaar niet aan,
we leiden een volmaakt ordelijk leven.
Kuisheid van asfalt, rust van beton.

There's life here, Jim, but not as we know it.
In onze duikerspakken van blik zijn we
in elk geval veilig. We volgen de lijn
en luisteren naar muziek uit Amerika.

Lazing on a sunday afternoon. Dromen,
drijven op de eindeloze rivier van teer naar
wat ook alweer? Werk? Een stad?

We hebben veel tijd om te doden. Sommigen
hebben een scheermes bij zich, anderen
een panty, voor noodgevallen is er gas.

Alexis de Roode

Uit: *Stad en land*, Podium 2008

We doen alles uit ons hoofd
We slaan het op en praten door
Geen roddel is te veel geen cijfer is te hoooog

Maar mijn hoofd zit vol met jou
Ik krijg niks zinnings uit mijn mond alleen mijn tong
Mij blaas je niet om …sta met beide steunzolen op de grond.

En we lachen als de eenden elkaar uitschateren in koor.
We doen ons achterlijk voor maar we onthouden elk woord.

Ik zie schaduw voor mijn raam
Ben jij het of ben ik het?
Geen asprien is mij te veel
Geen scan stelt mij gerust alleen als jij mij kust

Want mijn hoofd zit vol met jou
Krijg niks zinnigs uit mijn mond
Alleen mijn tong
Mij blaas je niet om 'k sta met beide steunzolen op de grond.

Ik roest langzaam aan je vast

Roosbeef

ZOALS EEN GEDICHT

Ik zou hier een foto van willen maken,
dit lijkt op een ansichtkaart.
Zo door het raam naar die zon achter
kale takken. Op het gras laagje ijs.

Maar ik weet nog niet zo precies
wat ik op de achterkant moet schrijven.
En voor wie, en hoe lang het moet zijn.
Of dit niet op een tafel blijft liggen

tot iemand het oppakt en zegt: dit
is mooi maar ook heel erg vroeg.
Het is nog winter en laag zonlicht,
de woorden komen nog steeds traag.

Maar eens, later, leg ik je vast op de plaat.
Alleen maar om te denken: zo was het.
Met die witte gordijnen, bronzen beeld
in een hoek. Die deur naar alle kamers.

Hannie Rouweler

Uit: *Wolken, ankers*, Uitgeverij Hoenderbossche Verzen (Uden) 2008

RIP

man komt om
bij vergeefse poging
tot het redden van een vlo
gestikt in een stofzuigerzak
het was de grote Hulot
de lieveling van het theater

geen annonce of
in plaats van kaarten
die hij net heeft neergelegd
een lopend vuurtje
een Poltergeist
klopt het in matrixcode

de grote Hulot is dood
en weggegooid

Gerard Scharn

Roodkapje, Wolf, Jager

In het woud de wonde van Roodkapje een volmaakte
amandel een dikbuikige spleet reet bijna een
volkomen beeldspraak over de volledige
lengte van haar hart wie haar
grootmoeder moet missen
mag best huilen

De Wolf klom door het tranendal een overhangende klif op
sprong en zonk weg in de zilte diepte zich beseffende
wat rondrompigen zich tamtam vaker ten
leste beseffen wie spreekwoordelijk
gewichtig is zakt dieper in zee
zakken is smelten

In de tuin met de heg in het bos van dat woud waar
omheen de velden de verten de eindeloze einder
die te vergelijken valt met vrijheid plukte
de Jager een bloem rook eraan dacht
zoals men zegt aan rozen en
onpeilbaar hing het licht

Merijn Schipper

De daad van Thurzo

(Elizabeth Báthory)

Bij 't keren van de nieuwe eeuw met zes
weer honderd jaar vooraan, toen vroren tranen
in de sneeuw in rode gloed van volle maan.

Sinds Cachtice, Trencín, haar poppenhuis.
De dame trok zo graag aan hoofden. Ferencs zwaard in hand,
er piept geen muis, uit angst verlamd terwijl zij roofde.

Spinnenwebben werpen schimmen in de zwakte
van het schemerlicht. Waar diens makers hoger klimmen,
daar ze wisten wat werd aangericht.

Een nobel bad werd voorbereid met hulp
van dienstelijke maagden – in twintigtallen rede kwijt,
bij 't slachten van de godgeklaagden.

Báthory baadde in satijn, waar nimmer regels golden.
Báthory danste in fontijn, totdat het water stolde.

Een oog keek wijd toe tussen kieren, de deuren gaven
maagden rust. Met dank aan 't piepen van scharnieren.
Zo vluchtte zij, van kwaad bewust.

Helden zonder mededogen, namen haar complice,
gericht gemarteld met haar bloedsmethoden,
kwam deze waarheid aan het licht.

Niels Schoenmaker

Hoe haal je herinneringen op?
door in de vloedlijn te gaan staan
en te denken dat als ik in een golf plas
deze voller wordt en zotter en zouter de gedachten,

en hoe diep moet je graven voor zoet water

met de wind mee? vroeg ik,

die mij niet kenden, deden terug;
het is verboden hier voor honden

het geeft niet, deed ik met mijn handen
het maakt niet uit, als je goed bent val je niet
en de zee werd opgewonden, van binnen
voelde iets wat zij van eerder nog wist

Hedwig Selles

Tweede leg

Het geweld uit de valpijp, de terugslag
van de vlotter in het reservoir, het zuinige
sissen van het pijpje naar de stortbak.
Je komt je handen wassen in de keuken

het is gelukt zeg je – we luisteren naar
het ruisen van de aanrechtkraan, het zeepje
klettert in het malle bakje naast de nagelborstel
en het natte lapje, de matte klap van de theedoek

vochtig, uitslaan, alsjeblieft, geef me een schone aan.
Met schone handen nu geef je de contouren aan
van je product en drijft een zware grapefruitlucht
de keuken in, de nieuwe luchtverfrisser,
die telkens twee keer zucht: een keer als je binnenkomt,
een keer als je weer naar buiten gaat.

F. Starik

Vertrappelde nachtschade

Duivelstenen getijen in varenstruiken
omgekeerde vingerhoeden puilen uit
wandelende takken gestoord
nachtvlinders kleuren dood

de beukkruin beleeft hoogdagen
op de volle maan wijnvlekken
kattenogen verlichten de wolfsvacht
een dolle draai rond de as

zweet tekent een gele krijtlijn af
in de gedempte aarde
glijdt een zucht weg

stijfseljurk waait omhoog
lederen hand schuift
middendoor

Erika de Stercke

Stoomtaal

zoals ik met natte inkt
het eerste punt zet,

als sprong een klikkend knoopje
van een blouse open in het spoordijkgras,

zo moet ik punt voor punt onderzoeken
waar het zachte geweld heen wil

van zin naar zin, betekenis vijlend
uit woorden die mijn hart doen overslaan,

als een slag in het water van heldere schoonheid
onderweg naar de extase van een denderende trein.

Moord is stoomtaal, terwijl ik vrij op rails
die roesten in een ver verleden.

Straks moet ik je verder uitkleden.
Ponjaard op zak, klaar voor de komst

van een finale gedachte. Rukkend
aan het onzichtbare touw van liefde

die verspert. Een zwaan
glijdt op het water, druk peddelend

zonder dat iemand het heeft gezien.

Bart Stouten

Decemberzon

Kranten klapwieken in de wind
maar komen niet van de grond.

Een kat neemt de veilige route
over schutting en ijzeren spijlen,

beweegt zich lichtvoetig en soepel,
als iemand die een plan heeft opgevat

waarvan hij weet dat het zal slagen.
Vliesdun ijs bedekt de vijver,

een meerkoet staat op karikaturen van poten
in het eerste smeltwater van een nieuwe dag.

Willem Thies

Uit: *Na de vlakte*, Podium 2008

Marowijne

Marowijne
omvat mij weer als vroeger met je vochtige lenden
voer mij mee in je natte omhelzing
naar je monding naar de zee

Marowijne
neem mij mee en verdrink mij in je omhelzing
die ruikt naar zilte lippen
met een vleug van groene absinth
gekruid met de vissige aroma
van je kinderen zwemmend in het vruchtwater
van de watramama
tussen oorverdovende sula
van oeroude rotsen
die mij schuimend naar mijn oorsprong voeren

Marowijne moederschoot
voer mij mee en laat mij slapen
In de eeuwige slaapplaats,
in de bron van je vochtige lenden
waar mijn bestaan begon

Carry-Ann Tjong-Ayong

Uit: *De wasvrouw*, Uitgeverij Greber 2002

kijk het licht verandert
het valt door de bomen op de grond
zou het ooit weer vrede worden
kijk het licht verandert

Andries Torensma

Dij bonde bloumkes in heur blonde hoar –
Vanzulf, dij binnen de nije dag al soor,
want niks zo staarvelk (enzowieder). Aiweg,
dij bonde bloumkes in heur blonde hoar.

Heur nait noar ale noabers boetendeur;
wat d'aine wildgrui vindt, vindt d'aander fleur.
Men zugt ja wis wat sprillegs in joen border
en d'aine is t vreugde, d'aander treur.

Jan Siebo Uffen

EEN WEEK VAN HARD GELAG

Van alle felverlichte kermistoestanden
was zij de van de band gevallen alom stralende,
offerend haar streling aan mijn vel,
ontpoppend heel mijn leven aan haar wezen
en mijn hele wezen zich verheffend aan haar hel

Ik weet het wel, ik wist wel wie je was,
jij had gedacht mijn droomduiding te delen
met adelaar en leeuw en wuivend gras –
maar zodra aan zo'n patroon iets hapert
gaan we zwijgend aan het gas. Zij was

Het werd een week van hard gelag
('Geef over! Geef je godver over')
We braakten 24 uur per dag,
eenmaal uitgespogen lieten we elkaar alleen
Ik zag haar nog eens zwalken met een rare vent
maar zij ging nergens heen. Zij was
zij was

Hans Verhagen

Uit: *Zwarte gaten*, Nijgh & Van Ditmar 2008

Verandering

Ze was niet sterk in het nemen van afscheid, de vriendin van onze drummer. Vaak vertrok ze op feestjes zonder een groet, maar tot mijn verbazing stond ze op de laatste verjaardag iedereen uitvoerig te omhelzen. Het was een tijd van verandering, zo bleek wel. Het manifesteerde zich ook in onze levens. We hadden de Volvo verkocht en ik volgde met succes een cursus. En toch moesten we vertrouwde gewoontes niet zomaar laten schieten. Neem de middagen op de seks-kolchoz. De luitjes rekenden op ons.

Nyk de Vries

Geen revolver

Voor Bert Schierbeek

Het regent, de laatste bloemen
laten los, maar de mensen bloeien.

Hölderlin leest even helder,
verduistert dan; gordijnen worden

dichtgetrokken overdag. Deuren sluiten
zonder sleutelgat. Het regent hard.

Toch: wezens denken dat de wereld
beter wordt, vrouwen trekken lippenstift

en geen revolver. Vrouwen baden kinderen,
maar de hemel maakt hun water zwart.

Toch: tijd rolt zich uit om mensen langer
tijd te geven en nu zal Hölderlin wat gniffelen

om de laatste peren. Maar hij heeft ongelijk:
het is zijn waanzin die naar de pijpen danst van as.

Het regent, de laatste bloemen
strooien kindjes op de oude aarde.

En Hölderlin buigt zich over zijn gedicht,
schrapt wat woorden, drinkt en bidt.

Rogi Wieg

Uit: *De kam*, de Arbeiderspers 2007

Een kat spookt
op de daken
dicht in zijn vacht
staat Carabas

de ochtend
geeft hem laarzen
wat lichte taken
voor die dag

Een kat spiedt
op de daken
of hij de laatste
restjes zoekt:

een regel om
het slot te maken
een in de nanacht
neergeschreven groet

Een kat doezelt
op de daken
en wacht gedwee
een late heer

de viskraam vangt
zijn jas zijn vilthoed –
een vraag blijft haken
kort knikt hij: 'Twee.'

Willem Jan van Wijk

Uit: *Of er nooit wat verschoof,* Uitgeverij Passage 2006

ALS IK ZO PRAAT ZOU JE NOG DENKEN DAT IK UIT GRANADA KWAM

Ik zou hier ook niet willen blijven als het warm zou zijn en de zon zou schijnen, maar dan zou ik mijn ogen dicht kunnen doen en op mijn rug gaan liggen.
Als je bij mij was zou ik je niet vragen hier op straat met mij te neuken, want dan zou ik niet meer kunnen zeggen dat hier niemand is die mij helpt.
Als ik er op straat kan neuken kan ik er toch ook blijven alsof het Granada is dat ik liefheb.
Ik wacht op de trein terug naar waar ik wil blijven als ik ergens moet blijven, ik heb al ja gezegd, maar als ik terug ben denk ik dat ik weer nee kan zeggen.

Nachoem Wijnberg

Uit de in september 2008 bij Uitgeverij Contact te verschijnen bundel:
Het leven van

Wie moet er nu naar wie luisteren?

eigenlijk is het de omgekeerde wereld
dacht de inwoner van Klutsdorp Oost
het is mijn achtertuin
laat de minister maar bij mij komen inspreken
dan zal ik kijken of ik volgende keer
een weg neem of weer aardbeien zoals dit jaar

Harry Zevenbergen

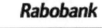

Athena's Boekhandel
Oude Kijk in 't Jatstraat 42

Restaurant Het HeerenHuis
Spilsluizen 9

Huis de Beurs

Akerkhof 4

café - Restaurant De Vestibule

Oosterstraat 24

Restaurant De Biechtstoel
Schuitendiep 88/5

Overstag Restaurant Lunchcafé
Gedempte Zuiderdiep 139

de Oude Kijk in 't Jatstraat 47-51

Vismarkt 52

Vismarkt 54

Grote Kromme Elleboog 6a

Hemmingway's Cuba

Via Vecchia
Gedempte Kattendiep

Eetcafé
De Kleine Groote
Schuitendiep 56
(050) 5891200

de Souffleur

Kruitlaan 3

Land van Kokanje
Lunchcafé · Restaurant

Oude Boteringestraat 9

zomers
lunch · diner · banqueting

adres: Vismarkt 56, 9711 KV Groningen
tel: 050 318 63 52
e-mail: info@zomers-groningen.nl
web: www.zomers-groningen.nl

Jazzcafé de Spieghel   Peperstraat 11

Café de Wolthoorn
Turftorenstraat 6

Gulzige Kater
-RESTAURANT-
Gedempte Kattendiep 33

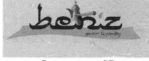

Peperstraat 17